YANTRA

ISBN 3-901226-04-04

Druck: Tésinská Tiskárna, AG

Printed in Czech Republic

Erste Auflage 1996

Yogi Bhajan

Perlen der Wahrheit

Inhalt

Perlen der Wahrheit

Seit mehr als zwanzig Jahren unterrichtet Yogi Bhajan in den Ländern der westlichen Welt spirituelle Weisheiten, die in dieser Form einzig sind:

Kaum ein Lebensbereich, den er nicht mit seinen erstaunlichen Lehren „vom Kopf auf die Beine" gestellt hat.

Seine Lehren über Ernährung, über die Rolle von Mann und Frau, über die Ehe, über Heilen und vor allem über den Sinn unserer Existenz hier auf der Erde haben unzähligen Menschen die Augen geöffnet. Seine couragierte, engagierte Position für Frieden und Menschenrechte hat deutlich gemacht, daß Spiritualität nicht im mindesten Weltflucht bedeutet.

Im Gegenteil: Wer den Schöpfer verehren will, soll doch erst einmal Seine Geschöpfe achten.

Yogi Bhajan hat uns eine Welt eröffnet, die vollständig von Gottes Licht und Plan durchdrungen ist. Es gibt keinen Raum und keine Zeit, in die wir uns davonschleichen könnten.

Unser Leben ist eine einzige Herausforderung. Wir sind hier, um sie zu meistern.

Diesem Ziel dienen alle Lehren.

Seine Reden und seine meisterliche Technik des *Kundalini* Yoga, unzählige Meditationen, die er mit seinen Schülern teilte, füllen Bände.

Gebet

Mögen wir durch Gottes Gnade
verstehen, was Frieden ist.
Mögen wir alle in Frieden leben.

Mögen wir in uns die Kraft,
Ausdauer und Zielgerichtetheit
ausbilden, die uns hilft, in uns
selbst zu ruhen, um die Schönheit,
Würde und Heiligkeit des Lebens
zu finden.

Möge die Ausstrahlung eines
engelgleichen Lebens uns umgeben.

Mögen wir diese Welt erfolgreich in
einen friedvollen Ort verwandeln.

Anmut

Ein anmutiger Mensch behält seine Anmut auch unter den unangenehmsten Umständen. Ein glücklicher Mensch bleibt heiter auch in harten Zeiten.

Arbeit

Es gibt keine Freiheit, für die man nicht etwas tun müßte.

Es gibt keine Befreiung, die einem in den Schoß fällt.

*

Meine Taten entscheiden, ob Gott mir nah oder fern ist.

Atem

Das einzige, das jemand erhält,
ohne etwas dafür zu tun oder
darum zu bitten, ist der Atem.
Der Lebensatem wird uns befreien,
wenn wir ihm erlauben, uns zu
Gott zu führen.

*

Gott atmet uns.

Demut

Demütig zu sein, bedeutet nicht, schwach zu sein. Es ist eine freiwillige Form von Schwäche, durch die wir hindurch gehen müssen, um wirklich stark sein zu können.
Demut bringt das Herz dazu, sich zu öffnen, so daß wir Gottes Stärke in uns aufnehmen können.
Nur Demut vermag uns so zu öffnen, daß wir Gottes ewige Wahrheit sehen können.
Wer im Westen demütig ist, macht sich lächerlich. Das ist eine Tragödie, eine Schwäche mit schweren Folgen.

Du selbst

Nichts auf dieser Welt vermag
dich von deinem wirklichen Selbst
zu trennen.
Lebe dieses Leben schöpferisch.
Freude und Schmerzen sind
Ergebnisse deiner persönlichen
Entscheidungen.

Ego

Es gibt kein Leben ohne Ego.
Es ist weder gut noch schlecht.
Es kommt darauf an, wie wir es benutzen.
Auch die Elektrizität, welche die Glühbirne zum Leuchten bringt, ist negativ und positiv zugleich.
Es kommt nur auf die Betrachtungsweise an. Für mich ist alles ein Ausdruck kosmischer Energie.
In dem Augenblick, in dem wir uns mit unserer Seele verbinden, beginnt diese Energie uns zu unterstützen.

*

Das einzige, was mich verletzen kann, ist mein Ego.

Ehe

In einer Ehe gibt es zwei Körper, aber nur eine Seele.

*

Ehe ist Einssein.

*

Die Ehe ist eine Beziehung der Stille.

*

Der höchste Yoga von allen ist der Yoga des verheirateten Lebens: Ein tiefes Verständnis der Frau, ein

tiefes Verständnis des Mannes,
ein tiefes Verständnis der
menschlichen Beziehungen,
Koordination, Gemeinsamkeit,
Geborgenheit des inneren Wesens
und Sicherheit der Beziehung.

Ein Mensch, der zu Gott gehört

Wo ein Mensch, der zu Gott gehört, geht, da geht Gott. Wenn er spricht, spricht er von Gott. Wo immer er sich aufhält, ist Gott. Um ihn herum ist Gott, über ihm ist Gott, unter ihm ist Gott. Gott schuf die Menschen, und die Menschen schufen Gott. Der Mensch, der zu Gott gehört, spricht am Telefon über Gott, und er hört Gott am anderen Ende der Leitung. Ist Gott nicht dort, legt er auf. Er sieht fern, um Gott zu spüren. Sieht er Gott nicht, schaltet er ab. Er ißt und sagt

„Gott“, er duscht und sagt „Gott“. Er sagt „Gott“, wenn er Fieber hat, und er sagt „Gott“, wenn er spazierengeht. Er gehört zu Gott, und Gott gehört zu ihm.

Eltern

Die Eltern möchten ihre Kinder glücklich sehen. Aber sie wollen sie auch kontrollieren. *Das ist mein Kind. Ich muß es erziehen, ich muß auf es aufpassen. Ich muß es versorgen, ich muß nach ihm sehen, ich muß ihm beibringen, ich muß, ich muß...*
Aber kannst du zwanzig Jahre immer sagen, ich muß, ich muß? Du vergißt, daß Gott auch noch da ist und etwas tun muß, und das Kind selbst ja auch.

Eltern

Jedes Kind hat seine eigene Bestimmung. Laß uns nicht daran rühren. Du bist ein Kanal, durch den das Kind in diese Welt tritt, aber du bist nicht der, der sein Schicksal kontrolliert.
Es gibt einen Fehler, den alle Eltern begehen, und das schon seit Jahrhunderten: Sie glauben nicht, daß das Kind Gott gehört. Und es ist auch schwer zu glauben. Es heißt ja immer, daß das Kind den Eltern gehört. Aber die Wahrheit ist: Das Kind gehört Gott. Wir sind nur seine Begleiter. Wäre uns das klar, würden wir das Kind mit größerem Respekt

behandeln. Wir würden dann den Eigentümer kennen.
Wenn wir zum Besitzer werden, beginnen die Probleme.
Bedenke, was immer mit einer eigenen Persönlichkeit geschaffen wurde, gehört zu Gott. Du kannst ihm nur dienen.

Emotionen

Emotionalität blockiert Kreativität.

*

Manchmal lassen wir uns von unseren Emotionen leiten und versuchen, das Leben von anderen zu bestimmen.
Wenn wir jemand verehren oder lieb haben, sollten wir ihn so stark machen, daß er sein eigenes Leben führen kann.

Entspannen

Die wichtigste Übung ist:
Entspannen.
Ein entspannter Mensch kann mit anderen kommunizieren. Jemand, der nicht entspannt ist, kann nicht kommunizieren. Er kann auch nicht mit Gott kommunizieren, der die gesamte Summe menschlichen Lebens ist.

Erfolg

Wachheit ist die erste Voraussetzung, um erfolgreich zu sein.

*

Drei Grundregeln für Erfolg:

1. Sag nichts Negatives über andere.
2. Hör nicht zu, wenn Negatives über andere gesagt wird.
3. Tu nichts Negatives.

*

Wer in seinem Beruf erfolgreich sein will, soll sich spezialisieren.

Erkenne dich selbst

Wenn du einem Menschen mit Gottesbewußtsein begegnest, wird er dir sagen:
„Erkenne dich selbst!“

Erleuchtung

Es gibt Leute, die sprechen dauernd von Erleuchtung. Was ist besonders daran?
Stehe auf, bevor das Licht kommt, und meditiere, wenn die ersten Strahlen auf die Erde fallen, dann wirst du erleuchtet.

Essen

Iß, um zu leben.
Lebe nicht, um zu essen.

*

Iß weniger, meditiere mehr.

*

Iß nicht nach 16:00 Uhr, wenn du am nächsten Morgen früh zur Meditation aufstehen willst.

Existenz

Du bist ein lebendiges
existierendes Licht. Du brauchst
nach nichts zu suchen.

*

Du bist das, worauf du dich
beziehst.
Beziehst du dich auf die
Unendlichkeit, bist du unendlich.
Aber wenn du dich selbst
begrenzt, wirst du begrenzt sein.

Familie

In einer Familie zu leben, bedeutet nicht, miteinander zu leben, bedeutet nicht, beieinander zu leben, bedeutet nicht, voneinander zu leben.
In einer Familie zu leben, bedeutet, füreinander zu leben.

Feind

Begegne einem Feind, der dich verleumdet, mit dem größtmöglichen Anstand.
Begib dich auf keinen Fall auf seine Ebene.
Gottes Hand wird dich schützen.

Frau

Leute, die denken, daß Frauen schwache und gebrechliche Geschöpfe sind, wissen nicht, daß Frauen sechzehnmal so stark sind wie Männer.

*

Erst in dem Augenblick, in dem eine Frau wahrnimmt, daß sie Gottes Kreativität verkörpert, hat sie Vertrauen zu sich als Frau gewonnen.

*

Sollte eine Frau, die fähig ist, Leben zu geben, nicht einem Heiligen, einem Befreier, einer großen Seele Leben geben?

Freundlichkeit

Wenn du freundlich bist, verstärkt
sich deine Ausstrahlung.
Der Erfolg läuft dir hinterher.

*

Wenn Gott jemand beschämen will,
nimmt Er ihm seine Freundlichkeit.

Frieden

Der Frieden benötigt unser Herz und unseren Verstand zu hundert Prozent. Ein Prozent weniger ist Krieg.

Geduld

„Ihr Lieben, macht nie jemand
anderen verantwortlich für das,
was passiert.
Ihr werdet es selbst verursacht
haben, und ihr werdet auch den
Grund dafür herausbekommen.
Habt Geduld!
Geduld zahlt sich immer aus."

Gesundheit

Für deine Gesundheit solltest du täglich zwei Dinge machen: Einmal schwitzen und einmal lachen.

Gewaltlosigkeit

Ich bin gewaltlos.
Aber wenn ich sehe, wie Schwache gequält werden, will ich der erste sein, der dazwischengeht.
Es mag mein Leben kosten, aber das wäre es wert.
Das verlangt die Würde meines inneren Wesens.

Glauben

Entweder du hast Glauben, oder du mußt die Steine tragen.

Gleichmut

Das erste Geschenk auf dem Weg zu einem höheren Bewußtsein hast du erhalten, wenn du in einem Zustand von Gleichmut leben kannst, in dem weder ein Lob dir schmeichelt, noch Kritik dich bedrückt.
Wenn jemand dir sagt, „du bist toll“, denke: „Gott ist toll.“
Wenn jemand dir sagt, du wärst ein Idiot, dann ist Gott immer noch großartig - und du hast eine Gelegenheit zu lernen.

Glück

Das Geheimnis des Glücklichseins besteht darin, sich an den Dingen erfreuen zu können, nicht darin, sie haben zu wollen.

*

Es ist mein Grundrecht, glücklich zu sein.

*

Wenn wir auf dieser Erde nur lernen würden, die Angelegenheiten von anderen zu respektieren, könnten wir glücklich sein.

Glück

Glücklich sein heißt, innerlich loslassen zu können.
Wer unter innerem oder äußerem Druck noch entspannen kann, kann glücklich sein.

GOTT

Gott und ich
ich und Gott
sind eins.

*

Alles kommt von Gott,
und alles geht zurück
zu Gott.

*

Gott braucht Gehilfen.

*

Gott ist immer.

GOTT

Der Mensch ist wie ein Same.
Wie der Same den Baum in sich trägt, trägt der Mensch Gott in sich.

*

Wenn du nicht den Orangenbaum schon im Kern sehen kannst, wie willst du Gott in dieser Welt sehen?

Laß uns den Einen in allem sehen.

*

Wenn du doch weißt, daß Er in dir ist, warum fragst du dann, wo Er ist?

Güte

Wichtiger noch als Weisheit ist
Güte.
Sehr viel Weisheit ist nötig, um
gut oder freundlich sein zu können.
Jemand, der freundlich zu
Menschen sein kann, die ihm
unfreundlich oder verletzend
begegnen, beginnt, ein Mensch zu
werden.

Güte

Güte öffnet die Tür zur Liebe.
Mit den Augen der Liebe siehst du, daß es in Wirklichkeit keine guten oder bösen Menschen gibt.
So hebt dich Güte über eine beschränkte dualistische Sichtweise.
Sie schenkt dir Erfüllung, denn sie läßt dich so sein, wie du eigentlich immer sein wolltest: *gut.*

Gurmukhi

Gurmukhi ist eine Sprache, die deinen Mund in den Mund des *Guru*[1] verwandelt.
Wenn du sagst, was *Guru* Nanak[2] gesagt hat, bist du wie *Guru* Nanak. Da ist kein Unterschied.

---

1 spiritueller Lehrer
2 ein Guru der Sikhs

Heilen

Jedes Lebewesen hat die Fähigkeit, sich selbst zu heilen. Selbstheilung ist kein Wunder, Selbstheilung ist ein natürlicher Prozeß in der Beziehung zwischen dem Körper und der unendlichen Kraft der Seele.

*

Wenn du einen kranken Menschen segnest, erbittest du diesen Segen vom allmächtigen Gott, aber in Wirklichkeit strahlst du aus dem Inneren deines Wesens Heilenergie zu dem anderen aus.

Handeln

Handle, reagiere nicht nur.

Heilige

Ein Heiliger ist jemand, der weder bewußt, unbewußt noch unterbewußt jemanden verletzt und auch nicht beabsichtigt, irgend jemanden zu verletzen.

*

Dummköpfe diskutieren - Heilige handeln.

Herz

Nicht einmal die Kraft von Kanonen würde ausreichen, um ein Herz zu öffnen.
Aber mit ein oder zwei demütigen Worten kann es für immer geöffnet sein.

Innen und außen

Innen und außen -
Alles ist Gott.

*

Wenn unser inneres Wesen sicher ist, sind wir auch äußerlich sicher, ruhig, glücklich und ausgeglichen. Wenn aber unser inneres Wesen gestört ist, dann sind wir auch äußerlich verunsichert und sehen die ganze Welt um uns herum entsprechend.

Jap Ji

Das *Jap Ji*[3] ist das *Jap* des *Ji*. Es ist das *Japa*[4], das gedankliche Vergegenwärtigen der Seele, *Ji*. Du sollst es nicht nur lesen, du sollst es auch verstehen. Das Verständnis des *Jap Ji* wird dir Himmel und Erde öffnen und dir ihre ganze Schönheit zeigen.

---

3 Heilige Schrift der Sikhs

4 Rezitation eines *Mantra*

Kalt duschen

Es gibt nichts Besseres, um jung und gesund zu bleiben, als morgens - direkt nach dem Aufstehen - eine kalte Dusche zu nehmen.
Dein Körper ist noch warm, du schläfst noch halb, da kommt der Kälteschauer direkt auf dich nieder.
Dann rennt das Blut los, um dich zu verteidigen. Alarm!
Die Körperfeuerwehr rückt an.
Nach fünf bis sechs Minuten ist jede Kapillarzelle wieder jung und wunderschön, dünner als ein Haar.
Das Blut läuft schneller,

Ablagerungen sind beseitigt, das Leben ist angeregt.
Mache daraus eine Gewohnheit.
Tue es geplant und mit voller Absicht, dann hältst du es gut aus. Stehe unter der Dusche und massiere dich, bis dein Körper die Kälte nicht mehr fühlt.

Kalt duschen

Egal durch was du an diesem Tag hindurchgehen mußt, du wirst es gut aushalten. Den größten Streß hast du ja schon hinter dir. Ein Körper, der das aushalten kann, und ein Geist, der das will, wird durch nichts mehr zu erschüttern sein.

Was könnte es noch Kälteres geben? Mache deinen Körper immun. Du bist gefeit gegen alle möglichen Schocks, wenn du deinen eigenen Schock vorbeugend selbst organisiert hast.

Kinder

Gib deinen Kindern eine Chance.
Nimm an ihrem Leben teil.
Lasse sie sich bei dir zu Hause fühlen. Sie sollen ganz sicher sein, daß du ein spirituelles Leben führst.
Laß sie fühlen, daß sie willkommen sind.
Lehre sie, daß sie - jedes für sich - etwas Besonderes sind, daß sie heilig sind, göttlich und ganz unschuldig.
Zeige ihnen immer, daß ihre Erfüllung da ist, wo sie gerade sind. Alles, was sie tun müssen, ist, sie zu ergreifen.

Sage ihnen, daß sie lieb sind, ganz wertvoll und schön.
Sie sind unsere Zukunft.

Kopie

Die Seele oder den Geist einer anderen Person kannst du nicht kopieren.

Körper

Der Körper ist Gottes Tempel.
Pflege ihn gut, daß Er gern in ihm wohnen mag.

Kosmetik

Laß die Kosmetik,
sei kosmisch!

Kritisiere nicht

Kritisiere nicht, und du wirst automatisch intuitiv.

Leben

Nicht auf das Leben kommt es an, sondern auf den Mut, mit dem du es lebst.

*

Alles Leben ist eine Herausforderung.
Du hast deinen Verstand, um ihr zu begegnen.

*

Lebe -
und laß andere auch leben!
Beginne bei dir selbst, nicht bei deinen Nachbarn.

Leben

Das Leben ist ein Spiel.
Aber wir wollen nicht einfach nur spielen.
Wir wollen gewinnen oder verlieren, und dadurch entsteht Unglück.

Lehrer

Ich bin nicht hierhergekommen, um Schüler zu sammeln, sondern um Lehrer auszubilden.

*

Liebe nicht den Lehrer, liebe die Lehren.

Liebe

Die höchste Form der Liebe ist die Liebe zu deinem höchsten Selbst.

*

Liebe ist vollkommene Toleranz.

*

Liebe ist Geben, ohne Unterschied der Person - so, wie die Sonne ihr Licht und ihre Wärme allen gleichermaßen schenkt.

Loslassen

Alles, was jemand mit sich trägt, kann er auch wieder loslassen. Fragt er wie, will er nur Aufmerksamkeit.
Dann soll er zum Psychiater gehen, aber nicht zu einem spirituellen Lehrer.

Mantra

Drei *Mantras*[5] solltest du nie sagen:

„Ich weiß nicht“,
„Ich kann nicht“,
„Ich bin noch nicht soweit“.

---

[5] Wort-Klang-Formeln, die auf den inneren Ebenen wirken

Meditation

Meditation ist Selbsterhaltung, Selbstachtung, Selbstverwirklichung, Selbsterkenntnis, Selbstliebe und Glück.
Alles dreht sich dabei um mich selbst.
Es hat mit niemand anderem zu tun.
Ich meditiere nicht für Gott, nicht für den *Guru*[6], ich meditiere nicht einmal für den Nachbarn.
Ich meditiere jeden Morgen allein für meine eigene Gesundheit.

---

6 spiritueller Lehrer

Meditation

Meditation ist ein Prozeß, in dem ich versuche, mich zu konzentrieren.
In dem Moment, in dem ich damit beginne, kommt lauter Negativität.
Aller Mist kommt raus.
Aller Quatsch aus den Gedanken will von der Meditation beseitigt werden.
Wenn ich meditiere, begegne ich den wüstesten Dingen und singe die heiligsten Mantras, um ihnen zu begegnen.

Meditation

Meditation ist eine Frage seelischer Hygiene.
So, wie ich meine Wohnung täglich aufräume, muß ich auch meinen Geist täglich aufräumen.

Meisterschaft

Willst du etwas kennenlernen,
lies darüber.
Willst du etwas verstehen lernen,
schreibe dazu.
Willst du etwas meistern,
unterrichte es.

Mensch

Der Mensch ist wie eine Kerze. Um zu leuchten, muß er sich selbst verbrennen.

Wenn du ein Licht wirst und leuchtest, verschwindet die Dunkelheit.
Eine Kerze kann nur leuchten.
Sie wird auch in Zukunft nichts anderes tun.
Sie wird sich verbrennen, um zu leuchten.
Die Aufgabe des Menschen ist es, durch sein begrenztes Wesen das unbegrenzte Licht strahlen zu lassen.

Mut

Mut entsteht, wenn du klar zu deinen Grundwerten stehst.

Ort

„In God I dwell“ -
In Gott lebe ich.

Das ist der einzige Ort, an dem
ihr mich treffen könnt.

Probleme

Probleme bleiben nicht bei
Menschen, die bewußt sind.
Sie kommen, um sie zu umarmen,
und dann gehen sie wieder.

Rat geben

Wenn du respektiert werden willst,
gib nie einen Ratschlag, ohne
danach gefragt zu sein.
Wenn jemand dich um einen Rat
gebeten hat, warte, bis er bereit
ist zuzuhören.
Ist er bereit zuzuhören, zeige ihm
beide Seiten der Angelegenheit.

Reden

Das Leben ist ein ungelöstes
Rätsel.
Die, die es gelöst haben, sprechen
nicht darüber.
Die, die es nicht gelöst haben,
reden viel.

Realität

Das einzige, was wirklich existiert, ist der göttliche Kern unseres Wesens in jedem von uns und die Gnade, mit ihm in Beziehung zu treten.

Reinheit

Alles,
was zu Gott gehört,
ist rein.

Richtig und Falsch

In Wirklichkeit gibt es richtig und
falsch gar nicht.
Sie existieren nur in Gedanken.

Schöpfer und Schöpfung

Wollen wir eine Beziehung zu Gott, dem Schöpfer, sollten wir uns zuerst Seinen Geschöpfen zuwenden.

Sadhana

Sadhana[7] verhilft uns zu einem bewußten Sieg über die Faulheit und Gleichgültigkeit unseres Selbst.

[7] Disziplin zur Selbstvervollkommnung

Seele

Meine Seele ist mein bester Freund.

*

Wie lange könnte denn der Körper ohne die Seele leben?
Die Seele ist das wichtigste.
Alles geht von ihr aus.
So, wie ein Körper ohne Seele kein Leben hat, hat ein Mensch ohne *Dharma*[8] keine Kraft und Ausstrahlung.

---

[8] positive Lebensprinzipien

Segnungen

Behalte nur die segensreichen Seiten einer Sache im Gedächtnis.

*

Da, wo sich jemand verneigt, wird er gesegnet.

Spiritueller Weg

Es gibt zwei Feinde auf dem
spirituellen Weg:
Faulheit und Fanatismus.

Suche

Ein Suchender sehnt sich immer danach, für einen Augenblick die Unendlichkeit in unserer begrenzten Welt zu sehen.
Yoga[9] ist die Wissenschaft, die ihn diese Sichtweise lehrt.

9 „Vereinigung". Vereinigung der Individualseele mit der Universalseele.

Sünde

Du versündigst dich niemals an irgend jemand anders.
Du sündigst immer nur gegen dich selbst.

*

Das einzige, was dich verletzen kann, ist dein eigenes Ego.

Test

Wenn du glücklich bist, nimm es als Segen.
Wenn du unglücklich bist, begreife es als Test.

Tod

Bevor du stirbst, wird es immer drei Sekunden geben, durch die du in jedem Fall hindurchgehen mußt. Das ist von Gott so eingerichtet. In der ersten Sekunde wirst du erkennen, aus welchem Grund du in dieses Leben gekommen bist. In der zweiten Sekunde werden sich deine Taten in all ihren Einzelheiten wie in einer Panorama-Show vor dir ausbreiten. In der dritten Sekunde wirst du darüber entscheiden, wie du dazu stehst. Gott wird versuchen, dir Schuldgefühle zu machen. Er wird dich auffordern, dich zu verurteilen.

Es ist wahr! Es ist Sein Trick. Glaub nicht, daß Gott besonders freundlich ist. Es ist ganz schön hart, du hast ein Gefühl im Magen, als ob du einen Aufzug hinunterfährst.
Aber es ist auch ein sehr angenehmes Gefühl. Tod ist Geborgenheit. Die Menschen haben Angst vor dem Tod, aber der Tod selbst ist nicht schlimm. Jemand, der stirbt, fühlt sich sehr geborgen, sehr friedlich. Es ist kühl und beruhigend.
Dann kommst du an einen hell erleuchteten Platz mit zwei Seiten.
Eine Seite ist ein heller gemütlicher Ort, wie in einer Gast-

stätte, und viele bekannte Leute sind da. Sie reden miteinander. Es scheint sehr gemütlich und einladend.

Auf der anderen Seite ist ein heller schneebedeckter Pfad.

Nun mußt du dich entscheiden.

Auf beiden Seiten stehen Angehörige, die dich auffordern, einzutreten.

Wenn du in die Kneipenszene mit ihrer Wärme eintrittst, so ist das die „Hölle“. Das einzig Schöne daran war ihre Außenansicht.

Der andere Weg erscheint dir einsam und eisig. Aber sobald du ihn betrittst, wirst du zu dem Licht, das dort herrscht, und

mußt dich um nichts mehr kümmern.
Die dritte Möglichkeit ist, wieder zurückzukehren, wiederbelebt zu werden.
Und die letzte Möglichkeit ist, nirgends hinzugehen. Man wird dann ein Gespenst.

Toleranz

Du mußt wissen, daß Toleranz nichts damit zu tun hat, daß jemand feige wäre oder keine Courage hätte.
Toleranz ist göttlich, und nur spirituelle Menschen vermögen sie auszuüben.

*

Es gehört viel mehr Mut dazu, tolerant zu sein, als jemanden anzugreifen.

Unendlichkeit

Wenn du dich daran erinnern kannst, daß du ein Teil der Unendlichkeit bist, kann dir nichts mehr passieren.

Unsere Welt

Ein Drittel der Menschheit schläft
jede Nacht hungrig ein.
Ein Drittel der Menschheit hat
Übergewicht.
So sind zwei Drittel der Menschen
in der einen oder anderen Weise
krank.
Und ein Drittel der Menschen
kümmert sich um nichts.
So eine Welt brauchen wir nicht.
Das grundlegende Problem ist:
Wir wollen glücklich sein, aber wir
wollen uns nicht disziplinieren.
Doch ohne Selbstdisziplin und
ohne Rhythmus geht es nicht
weiter.

Vorschlag

Nimm dir einmal vor, täglich eine Stunde lang nur von der Schönheit Gottes zu erzählen, so, wie du sie erfahren hast.
Sprich in dieser Zeit nur von dem Göttlichen, das du irgendwo in der Schöpfung sehen konntest.
Du wirst überrascht sein, wieviel dir das geben wird.

Voraussetzungen

Anders als im Zustand vollkommener Unschuld ist Gott nicht zu erreichen.

Anders als durch bedingungsloses Dienen ist Gott nicht zu finden.

Wahrheit

Wenn du Gott in deinem Feind
sehen und dich in ihm erkennen
kannst, hast du dich selbst
gefunden.
Wenn du einen Vorteil siehst und
ihn nicht ausnutzt, hast du
Weisheit gefunden.
Wenn du dich in der Hitze und
Blindheit der Wut noch anhalten
kannst, hast du Wahrheit
gefunden.
Es ist alles in dir.
Nichts ist außerhalb.

Wahrheit

Willst du die Wahrheit finden,
begreife zuerst, daß du die
Wahrheit bist.

*

Es ist eine Tragödie, daß
Menschen einander etwas
vorspielen, anstatt die Wahrheit
zu sprechen.

*

Deine ganze Existenz ist Wahrheit.
Gib dich ihr hin.
Du wirst dankbar sein.

*

Die Menschen kennen die Wahrheit,
aber sie wollen sie nicht leben.

Weg

Der Weg zu Gott beginnt mit kleinen Opfern.

Der Weg in die Hölle beginnt mit geringem Ungehorsam.

Weihnachtsbaum

Die Idee für den Weihnachtsbaum war ja nicht, daß man ihn abschlägt und ins Haus bringt und noch Geld damit verdient.
Der Weihnachtsbaum stand traditionell in der Nähe des Hauses und wurde zu diesem bestimmten Tag feierlich geschmückt.
Es gab wohl auch Geschenke, und man saß um ihn herum und spürte die Kälte und fühlte trotzdem noch das Leben.
Man brauchte dieses kleine Opfer, um dem Leben einen Tribut zu zollen. So war der Brauch, und es war eine Hoffnung darin enthalten.
Die Dinge sind vergessen worden.

Wir können viel lernen von dem jeweiligen Ursprung eines Brauchs. Alles hatte anfänglich einen Sinn, eine Bedeutung, und sollte uns an etwas erinnern.

Weisheit

Ein weiser Mensch sucht bei sich selbst nach Gründen, wenn etwas passiert.
Ein Dummkopf gibt immer anderen die Schuld.

Welt

Diese Welt muß fortbestehen,
damit wir Gott hier weiterhin als
Freund, als Kollegen, als Lebe-
wesen, als etwas, das wir konkret
ansehen können, erfahren können.

Wir können es nicht verantworten,
uns selbst zu zerstören.
Wir können nicht verantworten,
uns selbst so zu begrenzen.
Wir müssen wachsen.

Wohlstand

Wohlstand fängt mit der Bereitschaft zum Geben an.

*

Renne nicht hinter dem Geld her. Alles Geld gehört *Lakshmi*[10]. *Lakshmi* ist Gottes Frau. Was denkst du, was Gott mit dir macht, wenn Er sieht, daß du Seiner Frau hinterher rennst. Werde göttlich. Lebe wie ein Mensch, der zu Gott gehört, dann kommt *Lakshmi* zu dir.

---

10 im Hinduismus die Göttin des Reichtums

Zeiten

Wer immer um drei Uhr aufstehen und bis sechs Uhr meditieren kann, wer immer zwischen 15 Uhr und 16 Uhr gedankenstill sein kann, hat alles im Leben erreicht.
Achte auf die Uhrzeit!
Egal, wo du bist.
Um drei Uhr ist die Zeit der Einheit, und um 15 Uhr die Zeit der Freude.

Hast du schon einmal gedacht:
Laß mich morgens um drei Uhr aufstehen, laß mich diese heilige Energie ganz in mich aufnehmen, so daß ich den ganzen Tag leuchten kann wie ein lebendiges Licht?

Zeitweiliger Aufenthalt

Gott hat uns geschaffen.
Und zu Gott werden wir
zurückkehren.
Die Welt ist ein zeitweiliger
Aufenthalt.
Besuche sie mit Liebe und denke
daran:
Wenn wir nicht gelernt haben,
diese Erde glücklich zu verlassen,
bleiben wir an sie gebunden.

Ziel

Das Ziel des Lebens ist,
etwas zu tun,
das für immer leben wird.

Zufall

So etwas wie Zufall gibt es nicht.
Alles ist Teil des Plans des Meisters.
Spiele deine Rolle mit der größtmöglichen Aufrechtheit und entspanne.

Nachwort

Wir nennen uns *Khalsa* - die Reinen.

Wir stehen früh am Morgen auf, wenn die Atmosphäre noch ganz rein ist.

Wir reinigen unseren Körper mit der Heilkraft des Wassers und energetisieren jede Zelle durch eine kalte Dusche.

Wir kleiden uns in natürliche Fasern, Baumwolle, Viskose, Wolle, Leinen, möglichst in Weiß, der Farbe der Reinheit, in der alle anderen Farben gebündelt sind.

Dann reinigen und vitalisieren wir alle Körperfunktionen mit Hilfe des *Yoga*. Meditationen schenken uns die Berührung mit unserer Seele jenseits der Prägungen unseres Unterbewußtseins.

Und wir beten zu Gott, der ewigen unerschöpflichen Quelle allen Seins, daß sie uns die Kraft schenken möge, diese Reinheit über den Tag möglichst lange zu erhalten.

Wir haben uns vorgenommen, die Herausforderungen dieses Lebens anzunehmen, komme, was wolle.

Unser Lehrer, Yogi Bhajan, hat uns gelehrt, daß das wichtigste *Mantra* für unsere Zeit „keep up" heißt. Das ist in dieser Einfachheit nicht ins Deutsche zu übertragen aber trotzdem sofort verständlich.

Wir leben in einer Zeit großer Veränderungen, und wir sind bereit, der Geburt des neuen Lebens, das auf diese Erde kommen wird, zu dienen.

Wenn wir uns begrüßen und wenn wir uns daran erinnern wollen, wer wir in Wahrheit sind, sagen wir SAT NAM.

Weitere Informationen:

Sat Hari Singh Khalsa
Eppendorfer Weg 209
D-20253 Hamburg 20
Tel: (0049) 040-420 01 10

YANTRA - Bücher für's Leben... mit Sinn!

Aus der Reihe "Gedanken"

ISBN 3-901226-01-X
Pb. - 164 S. - öS 149,-
Erste Auflage: März 96

Gedanken zur Kontemplation

Swami Sivananda

Diese Weisheits-Gedanken des indischen Weisen, Heiligen und Yogi Swami Sivananda sind von unschätzbarem Wert, wenn man sie sich durch Verinnerlichung zu eigen macht.
Sie werden so wertvolle Anregungen zur Neuorientierung und Wegweiser auf dem Lebensweg, der uns letztendlich zur Erfüllung und Vollendung führen soll.

ISBN 3-901226-03-6
Pb. - 374 S. - öS 219,-
Erste Auflage: März 96

Handbuch Positiver Affirmationen

H. H. Warner

POSITIV DENKEN - POSITIV LEBEN

Der Mensch ist, was er denkt - als solches ist der bewußte Gedanke für den Menschen ein machtvolles Mittel für ein in jeder Hinsicht positives und erfülltes Leben, das wir uns alle wünschen, aber allzuoft nicht realisieren.
Die Positiven Affirmationen in diesem Buch können uns helfen, das zu verwirklichen, was wir für uns und andere ersehnen.

ISBN 3-901226-05-2
Pb. - 109 S. - öS 179,-
Erste Auflage: Juni 96

Eindrücke von einem großen Yogi

Prof. V. Rangarajan

Die schillernde Persönlichkeit des völlig unkonventionellen Meisters Yogi Ramsuratkumar, von dem dieses Buch handelt, fasziniert und erstaunt immer wieder aufs neue. Nur ein armer Bettler oder doch ein spiritueller Gigant?

Die Antwort auf diese Frage muß wohl jeder selbst finden - das Buch möchte dafür eine Hilfe sein.